나는 조울증 환자다

나는 조울증 환자다

초판 1쇄 발행 2023년 02월 14일

지은이 이시백
펴낸이 장현수
펴낸곳 메이킹북스
출판등록 제 2019-000010호

디자인 최미영
편집 최미영
교정 안지은
마케팅 장윤정

주소 서울특별시 구로구 경인로 661, 핀포인트타워 912-914호
전화 02-2135-5086
팩스 02-2135-5087
이메일 making_books@naver.com
홈페이지 www.makingbooks.co.kr

ISBN 979-11-6791-328-9(03810)
값 13,800원

ⓒ 이시백 2023 Printed in Korea

잘못된 책은 구입하신 곳에서 바꾸어 드립니다.
이 책의 전부 또는 일부 내용을 재사용하려면 사전에 저작권자와 펴낸곳의 동의를 받아야 합니다.

홈페이지 바로가기

메이킹북스는 저자님의 소중한 원고를 기다립니다.
출간에 대한 관심이 있으신 분은 making_books@naver.com로 보내 주세요.

나는 조울증 환자다

이시백 지음

메이킹북스

목차

머리글 · 008

1장. 저자 성장기

학창 시절 · 012
조직 탈회, 대학 입학 및 생활 · 017
수상안전요원 도전기 · 022
수영 지도자 시작과 연애 · 028
군 생활 에피소드 · 034
10여 년의 우울증 · 039

2장. 조울증 발병과 극복기

최초 조울증 발병	◦ 046
조울증 증상	◦ 050
조울증 증상 2	◦ 062
정신과 폐쇄병동에 입원하기까지	◦ 071
폐쇄병동 생활기	◦ 082
정신과 퇴원 후 생활	◦ 091
조울증은 나와의 싸움	◦ 096
퇴원 후 일상	◦ 100

3장. 조울증 치료를 위한 저자의 제안

약의 효능 및 부작용　　　　　　　　● 106

조울증을 이기는 tip　　　　　　　　● 119

글을 마치며 저자가 드리는 국민 당부　● 120

머리글

안녕하십니까? 경북 영천에 거주하는 44세 이시백입니다. 저는 스무 살부터 수영 강사를 시작으로 약 20년간 스포츠센터 및 호텔 체육시설 관리자로 일해왔습니다. 15년 전, 조울증이 발병하여 15년간 말할 수 없는 고통 속에 살아 왔습니다. 아직 사회에 잘 인식되어 있지 않은 조울증을 많은 사람에게 알리고 조울증 환자들의 아픔을 전하고 사회에서 이들을 어떻게 이해해야 하는지 설명하려 합니다. 우선 제가 보내온 시간과 증상들을 조금씩 올리고, 대한민국 정신병원의 운영 실태와 정신과적 치료 방법, 대체 의학 치료법, 식이요법 등…. 여러 가지 제가 공부해 온 내용을 나누고 지식을 모으고자 합니다. 특히 가족이나 주변에 조울증 환자가 있다면 제 책과 카페에서 많은 수기와 정보를 얻기를 바랍니다. 또한 제 카페에서 제가 올리는 건강 관련 글이나 제품은 전문가들과 논의하여 알려드리는 것임을 알려드립니다.

    모두 매일매일 행복한 날들이시길 바랍니다. 감사합니다^^

이시백 배상.

1장. 저자 성장기

학창 시절

저는 1979년 6월 20일생으로 영천 이씨 남곡 공파 28대손이며 본래 이름은 가문의 항렬에 따라 이돈규였습니다. 7년 전쯤 이시백으로 개명하였습니다.

영유아 시절 영천 본적지에서 자랐고 초등학교 2학년 1학기까지 아화라는 곳에서 초등학교를 다녔습니다. 이후 어려운 집안 형편으로 대구 남구 대명동으로 이사해 대명초등학교를 다니다 신설된 남덕초등학교에서 졸업했습니다.

인근 경복중학교로 진학하여 다니다 중학교 3학년 때, 담배를 피우다 적발당해 대구 능인중학교로 전학하게 되었습니다. 이 무렵부터 저는 공부를 놓고 소위 말하는 농땡이가 되었습니다. 어찌어찌하여 경북고등학교로 진학하였으나 공부도 하지 않고 소위 말하는 학교 일진 양아치 짓을 했습니다. 잘 기억하지 못하지만 저로 인해 고통 받았던 친구들이 분명히 있습니다.

고등학교 2학년 무렵 대구 지산동 깡패 생활을 시작했습니다.

처음엔 별로 하는 일이 없었죠. 수성랜드에서 하루 종일 서성이다 매일 술을 퍼먹던 기억뿐, 이후에 선배들의 일을 하나씩 시키는 대로 했습니다. 잡다한 심부름 이후 대구 13번 도로에서 OB집(방석

집), 나이트클럽 기도, 불법 채권 추심, 다른 조직과의 패싸움 등….

열아홉 살 때 3살 위의 선배가 구미에서 어린 애들 7명을 여관방에 감금하고 구타해 문제가 되었는데 조직에서 제게 대타로 들어가라고 했고, 전 별생각 없이 구미서로 가서 제가 한 일이라 말했죠.

구미서에서 3일 유치장에 있다 김천 검찰청으로 이송되어 검사 앞에 앉았는데, 갑자기 검사가 제 머리를 서류철로 때리며 말했습니다. "아, 이 새끼 고등학교 후배네……."

선배이신 검사님은 원래 안 되는 거지만 이 길로 올라가 재학증명서를 받아오라 하셨습니다.

이대로 사건 진행되면 넌 무조건 구속되고 3년은 소년원에 있어야 하는데, 어떻게든 내가 막아 줄 테니 재학 증명서를 받아오라고…. 그길로 학교로 갔고 당시 저는 고3. 그런데 담임 선생님이 누군지도 몰랐습니다. 할 수 없이 고2 때 담임 선생님이셨던 이광희 선생님께 갔습니다.

수업 중이신 문을 열고 들어가 선생님께 울면서 빌었죠. 도와달라고 수업 중이셨음에도 곧장 교감 선생님에게 돈규 재학 증명서 발급해 달라고 말씀하시니 안 된다고 하네요. 잘나가는 학력고사 경북고 선배들이 세운 학교 명예를 훼손시킨다며, 이런 내용 재학 증명서는 발급 불가라고…. 노태우 대통령이 학교 선배인데 취임식 때 커다란 느티나무를 세웠는데 구속되자마자 바로 뽑더라고요. 나무가 무슨 죄인지…. 무튼 그렇게 말씀하시는 교감 선생님께 저희 선생님이 말씀하셨습니다. 돈규의 재학 증명서를 발급해 주지 않으면 나의 교직 생활을 걸고 교사직 그만두시겠다고. 선생님 덕분에 검찰청으로 들어가 재학 증명서를 제출하고 고마운 선배 검사님 덕분에 저는 징역형을 면했습니다.

조직 탈회, 대학 입학 및 생활

구속 위기에서 나와 1년간 대구 지산동 건달 생활을 더 이어갔습니다.

언제 빠져 나와야 할지 고민을 계속하며, 대학 진학을 선배들 몰래 준비하고 있었죠.

고3 수능 기간 저는 대구 동구 13번 도로 방석집을 계속해 관리하고 있었습니다.

보통 저녁 8시께 시작해 새벽 5시경, 장사를 마

쳤습니다. 제가 학업을 지속하고 있는 것을 동네 선배들은 탐탁지 않게 여기고 있었고 하루라도 빨리 자퇴하라는 강요를 했습니다. 저는 이를 속이고 학교를 졸업하려 애썼습니다.

저는 어릴 때 육상선수 생활을 했고 다른 건 공부하지 않아 그냥 바보였습니다. 하여 대구 영남대, 효가대, 계명대에 원서를 내고 수능 당일은 선배들에게 핑계를 대고 시험을 쳤습니다.

이후 체대에 진학을 희망했기에 이틀 정도의 실기 테스트를 받아야 했습니다. 다행히 수능 성적은 체대 진학생들 중 우수한 편이었습니다.

400점 만점에 258점. 그러나 문제는 실기테스트를 제대로 볼 수 없었던 것이었습니다.

연말이라 가게를 찾는 손님이 많았고 7살 많은 선배는 서서히 가게 관리에 간섭을 하기 시작했고 마칠 무렵이면 가게로 나와 저를 데리고 매일 술을 마셔야 했습니다. 예를 들어 효가대의 경우 1일차 실기테스트 점수가 좋았으나 2일차 테스트일, 가게와 선배로 인해 갈 수가 없었습니다.

이렇게 지원한 3곳의 대학에 떨어지고 저는 대학에 가는 것을 포기했습니다. 일찍 돈이나 벌자고 생각했죠. 그런 와중 모친이 그래도 이 시절에 전문대라도 나와야 한다고 설득해서 단 한 곳, 계명전문대에 원서를 내고 실기 시험을 보았습니다. 다행히 계명전문대 생활체육과에 수석으로 입학하여 1년간의 학비를 면제 받았습니다.

그리고 입학식날 학교를 나가야 했기에 저는 건달 생활을 접기로 마음먹고 준비를 했습니다.

당시 대구 건달들의 룰은 동네 생활에서 나갈 때 빠따 100대를 맞는 것입니다. 어린 시기에 별거 없다 생각했었지만 알루미늄 빠따나 나무 빠따를 맞으면 고통이 대단히 심하며 엉덩이 살갗이 모두

터집니다. 이전에 한 해 밑의 후배 생일을 챙겨준다고 3살 위 선배의 가게에서 술을 먹었다는 이유로 1살 위 선배에게 알루미늄 빠따로 30대를 맞았었는데 살갗이 다 터져 속옷에 피가 달라붙어 힘들었고 거의 한 달을 앉을 수 없었습니다. 어린 나이에 빠따 100대 맞을 일이 걱정이 되더라구요. 이렇게 저는 사나이가 아니고 양아치였던 거죠.

그러던 찰나에 사건이 하나 있었습니다. 제가 속해 있는 조직과 다른 조직이 전쟁. 당시 야간대학에 진학 중이던 저의 학교로 선배와 후배들이 봉고차 포함, 차 5대를 강의실 앞에 대고 저를 부르러 들어왔습니다. 몇몇 조금 껄렁한 놈들 외엔 친구들이 아무도 몰랐는데 이 일 때문에 학교에 대대적으로 지산동 깡패 이돈규라고 소문이 났습니다. 선배들 친구들 모두 저를 피하는 눈치였고 축산과에 다니던 웬 미친놈은 저랑 싸움을 하겠다고 학교에 소

문을 냈습니다. 떼거리로 제게 찾아오는 놈들도 있었습니다.

이놈들은 저보다 더 쌩양아치죠. 아무튼 이리저리 학교와 건달 생활을 병행하였는데….

학교에 처음 전공으로 수영을 선택하여 대구 유성스포츠에서 두 달 정도 수영을 배웠습니다.

다행히 저를 도와주는 친구들이 있어 많은 도움이 되었습니다. 그 해 6월 13일 대한적십자사 대구지사 수상인명구조원 시험을 치르게 됐습니다.

수상안전요원 도전기

수영을 두 달 남짓 배우고 1998년 6월 13일 대한 적십자사 라이프 가드(수상인명 구조원) 자격을 취득하러 대구 두류 수영장 다이빙 풀에 출석을 했습니다. 현재는 교육이 일주일 정도이지만 제가 자격증 과정을 받을 때는 이 주 정도 훈련을 받고 시험을 치를 수 있었습니다.

교육에 참여한 첫날 저는 많은 감정을 느꼈습니

다. 훈련이 너무나 힘들었고 어릴 때 운동 좀 했다는 제 알량한 자존심은 하루 만에 바닥에 떨어졌으며, 특전사, 707, 해병대 수색대, SSU, UDT… 온갖 이력의 강사진이 훈련을 시켰습니다.

그때 생각이 들더군요. 온몸에 문신하고 우루루 몰려다니며 약한 사람들을 괴롭히던 제가 알던 선배들은 진짜 남자가 아니었고 양아치였을 뿐임을 새삼 느끼게 되었습니다. 라이프 가드 교육은 미국 적십자 네이버 실에서 교육 커리큘럼을 가져와 제가 훈련 받을 당시만 해도 강사진은 거의 특수부대 출신의 매우 강한 사람들이었습니다. 어찌저찌 훈련을 겨우겨우 받아가는데 3일차에 운전을 할 수가 없더라고요.

수영장 입수 전 힘들었던 PT와 영법에 힘이 많이 들어가 어깨가 아팠던 겁니다.

교육 7일차쯤, 점심시간에 밥을 먹지 못하겠더

라고요. 그만큼 훈련은 힘들었고 제 자신은 아주 나약한 존재라는 것을 여실히 체감하고 있었죠. 그 무렵 어머니가 준비해 주신 도시락을 먹을 자격이 없다는 생각이 들었고 눈물만 났습니다. 10분쯤 흘리던 눈물을 닦고 다짐했습니다. 죽을 때 죽더라도 끝까지 버텨 보겠다고….

이후 며칠 뒤 어깨 상태가 심해져 물 밖으로 나올 때 손잡이를 잡고 당길 수가 없어서 친구들이 양쪽으로 제 손목을 쥐고 밖으로 건져줘야 했죠. 이때부터는 정신이 없었습니다. 테스트에서 떨어지더라도 무조건 교육을 다 마칠 생각 뿐…. 그런 중에 제 오른쪽 팔이 파랗게 색이 변했는데 어깨가 빠져 있는 상태라 말하더군요.

그리고 담당 사범님과 주 강사께서 병원으로 가라고 했습니다. 저는 훈련에 빠져 자격 테스트 박탈이 될 수 없으니 그냥 훈련을 받겠다고…. 수차례

이야기가 오고 가고 주 강사분이 시간을 봐줄 테니 병원을 다녀오라 하시더군요. 이때부터 무슨 이유에선지 오기가 생겼습니다. 꼴랑 이거 하나 못 이기는 놈이 무슨 일을 하겠냐는 생각이 들었습니다. 제 고집으로 병원에 가지 않고 훈련을 받았습니다. 이때부터 강사진들은 알게 모르게 저를 배려하고 있었습니다. 수영 선수 출신 친구들도 제가 힘들어 보이면 물속에서 저를 위로 올려주고….

그렇게 테스트 날이 왔습니다. 입영 한 시간, 25미터 잠영, 중량 운반, 10미터 하강, 맨손 구조, 장비 구조, 구조 영법 등….

가장 힘들고 라이프 가드 자격의 꽃이라는 중량 운반…. 정확히 기억나지 않지만 그때는 남자가 20킬로였던 거 같습니다. 5미터 다이빙 풀에서 25미터를 트루젠 영법으로 도착 즉시, 5미터 물속으로 내려가 20킬로 중량을 가지고 수면으로 올라와 횡

영으로 25미터로 도착 후 중량을 만세 자세로 1분간 버티기가 내용이고 시간제한도 있었습니다. 제 차례가 돌아왔고 모두가 저를 유심히 보고 있었죠. 강사진들은 저를 응원해 주고….

25미터는 잘 갔습니다. 중량을 들고 올라올 때부터 전 너무 힘들었고 당시 입영 자세도 못하던 터라 중량을 들고 입영 및 횡영이 불가했습니다. 그런데 오기로 중량을 절대 놓지 않고 남들 5배의 시간을 걸려 끝까지 갔고 만세 자세는 못했습니다. 시간 초과, 영법 불일치, 항목 결항 등…. 저는 테스트에 합격할 수 없었습니다.

속상한 마음에 친구들 앞에서 눈물을 보일 수 없었고 밖으로 나가 담배를 피며 눈물을 흘렸죠.

10분 정도 지나고 주 강사님이 저를 불렀습니다. 테스트 불합격인거 알지? 라고 물으며 다음 말이 원래 규정상 넌 불합격이다. 하지만 강사교육에 들어와 실력을 키우고 봉사활동을 한다면 나의 권한으로 오늘 널 합격시키겠다, 라고…. 제겐 선택권이 없었죠. 무조건 시키는 대로 하겠다고. 이렇게 저는 자격증을 받았고 그 해 8월 수상 안전법 강사 자격을 취득하고 곧바로 라이프가드 양성 교육 봉사 활동을 시작했습니다.

수영 지도자 시작과 연애

열심히 봉사를 하다 군에 입대했고 군대 내에서도 간혹 전투 수영을 가르쳤습니다.

제대 후 서른 살까지 시간이 할애하는 한 봉사를 나갔고 너무 어린 나이에 주강사와 교육 부장직을 받았습니다.

대한적십자 라이프가드 및 강사, 스포츠 지도자 2급 자격증을 취득한 저는 그해 10월부터 학교의 강의를 야간으로 옮기고 경산 윤성 수영장에서 처음 수영 강사 생활을 시작합니다. 원래 당시 제 수영 실력으로 입사가 어려웠지만 외곽에 위치한 수영장이라 매일 저의 영법을 익히기로 하고 수영 지도자 생활을 시작하게 됩니다. 처음 시작할 땐 힘들다는 생각을 못했습니다. 오로지 제 영법 실력과 지도 실력을 배우는 데 매진했죠. 그 시절 수영장은 12시간 근무를 하고 하루에 6시간 강습을 해야 했습니다. 그리고 전 부족한 실력 탓에 쉬는 기간을 이용해 계속 수영 영법을 갖추고, 회원들에게 수영 지도하는 방법을 익혀야 했습니다. 노후된 수영장이라 매일 청소를 해야 했고 잡무가 많았죠. 이때 제 인생의 첫 연애를 했습니다.

그 전에 어릴 때 만난 친구들은 연애라 할 수 없었고…. 저보다 나이가 7살 많은, 같이 수영장에서 근무하던 누나였죠.

오래전 일이라 어떤 일로 연애를 하게 된 건지 잘 기억나지 않지만 많이 착하고 성실한 여자 친구였죠. 여자 친구와 연애를 해가는데도 우여곡절이 많았습니다. 나이 차이도 차이지만 그 당시 전 계명전문대 1학년 휴학생이었고, 여자 친구는 효가대를 졸업하고 대구대학교에서 특수치료 대학을 졸업 후, 대학에 강의를 나가고 있었죠. 어떻게 생각하면 스승과 제자의 연애이기도 했죠. 주변의 모두가 우리 연애를 말렸고 수영장의 책임자인 과장님은 대놓고 저를 비하하더군요.

그리고 여자 친구에게는 이러면 안 된다고 너랑 돈규가 연애하는 게 맞냐고 모두들 여자 친구와 저를 나무랐습니다.

그래도 둘이 사이가 너무 좋았고 주변의 걱정 같은 건 서로 신경 쓰지 않았습니다. 지금 와 생각해보면 그들이 저희를 걱정했다기보다는 오지랖을

떤 거지요. 그렇게 연애를 잘 하던 우리에게 문제가 생겼습니다. 바로 저의 군 입대 영장….

당시 IMF 사태로 모두가 군 입대를 신청해 저도 늦게 스물한 살 11월 7일에 입대하라는 영장을 받았죠.

며칠을 고민했습니다. 여자 친구에게 뭐라고 말해야 하나…. 저는 결국 한마디 말없이 입대 당일 새벽에 여자 친구 집 앞에 세워진 여자 친구의 자동차 앞 유리에 편지 한 통을 남기고 논산훈련소로 입대했습니다. 지금 생각하면 별일도 아닌데 당시 제 생각엔 7살이 많은 여자 친구가 내가 제대하고 돈 벌어 자리를 잡는 동안 나로 인해 너무 힘들 것 같다는….

입대 후 자주 생각이 났지만 생각하지 않으려 노력을 많이 했던 거 같습니다. 그 당시 소속 부대 지휘관의 부당한 이유로 100일 휴가를 200일째 나가지 못하고 있었고 여자 친구는 제 어머니께 찾아가 제가 있는 곳을 알려달라고 몇 번이나 찾아와 애원을 했습니다. 부대로 저를 보겠다고 강원도 정선까지 찾아왔지만 저는 냉정하게 나가지 않고 여자 친구를 돌려보냈습니다. 안 그래도 눈물이 많고 눈도 큰 그녀가 눈에 너무나 밟혔지만 제가 그렇게 하지 않으면 시간이 갈수록 그녀가 더 슬퍼질 거라 전 판단을 했죠. 보고 싶고 안고 싶었지만 단호하게 결단해 행동해야 한다고….

그렇게 여자 친구는 제가 상병이 될 때까지 찾아왔고 저는 매몰차게 내쳤습니다. 매번 먼 거리를 왔다 돌아가는 여자 친구도 울어야 했고 저도 그럴 때마다 눈물을 흘려야 했죠. 전역을 앞두고 병장 마지막 휴가를 나가 여자 친구에게 연락을 했습니다.

나이가 들어 그런가 더 성숙하게 예뻐져 있었

죠. 길에서 만나 잠깐 대화를 나누는데 대학 동기랑 결혼한다고….

    그리고 그녀는 1년이 되지 않아 캐나다로 이민을 갔습니다. 제 첫 연애의 아픔이었습니다.

군 생활 에피소드

　첫 수영 지도자 생활, 또 첫 연애를 뒤로하고 저는 1999년 11월 8일 육군 논산훈련소에 입대하게 됩니다.

　기초 군사훈련 6주를 마치고 또다시 논산 훈련소에서 81mm 박격포 주특기 훈련을 마쳤습니다.

　밀레니엄 크리스마스를 논산훈련소에서 보내고 2000년 1월 자대 배치를 받기 위해 논산역에서

MOT 열차를 타고 목적지가 어딘지 모르게 갔죠. 함께 출발했던 동기들은 모두 기차에서 내려 자대로 향하였는데 저만 유독 오랜 시간 기차를 타고 다시 버스를 타고 이동해야 했습니다. 자대에 도착하기 전까지 몇 곳의 병력 배치 부대에서 하루이틀 보내야 했고 강원도를 한 번도 가보지 못했던 저는 조금 과장해 북한 가까이 가는구나 생각했었죠. 강원도 원주에서 영월까지 군 트럭 카고라고 하죠. 한겨울 트럭 뒤 짐칸 부식 자재와 함께 도착한 저의 자대는 다름 아닌 강원도 정선이었습니다. 그때는 어릴 때라 정선이 어떤 곳인지 몰랐고 그냥 강원도 깡촌이라 생각을 했습니다. 세월이 지나보니 아우라지가 흐르는 아름다운 고장이었죠.

막 자대에 입대해 병아리 마크를 달고 부대에 적응해가던 무렵 한창 정화조 청소 중인 저를 작전장교님께서 호출하셨습니다. 저는 속으로 놀라며 뛰어 작전과로 갔습니다. 왜냐하면 입대 전 너무나도 불안했던 저의 가정에 문제가 있는 게 아닐까 하고요…. 늘 어머니 걱정만 있었던 때였죠. 그런데 군대에 오니 전화조차 마음대로 할 수가 없으니 연일 엄마 걱정뿐이었습니다. 매일 만취해 집에 들어와 온갖 방법으로 가족 모두를 힘들게 하셨던 아버지 때문이었죠. 놀란 마음을 감추고 작전장교님께 가니 "돈규야, 너 오늘부터 CP로 가서 업무를 배워라." 부대의 최고 지휘관 비서병을 하라는 말씀이셨죠. 이날부터 저는 대략 3개월간 심적인 고통을 많이 겪어야 했습니다. 이유는 중대 인원이 모자라는데 막내인 제가 비서병이 되어 다른 보직의 업무를 보니 중대 고참들 모두가 저를 배척했고 당시 저의 사수였던 병장님의 일과를 몇 달 같이 하면서 느낀 점은 일부러 영창을 가더라도 이 일은 못하겠다고 생각이 들어서였죠.

당시 제 선임이 모시는 대대장님은 육사 출신의 엘리트…. 인성은 개와 다름없었습니다.

제 선임은 군인인지 파출부인지 모를 정도로 대대장 집안의 빨래며 김장, 온갖 잔심부름을 하고 있었고 조금 실수하였다 하여 대대장 사무실에서 손을 깍지 낀 채 3시간을 얼차례, 고문당하고 있었거든요.

저는 그래도 운동을 했고 남자다운 면이 있는데 저의 선임처럼 군 생활을 하고 싶지는 않았습니다.

그때 속으로 생각을 했습니다. 뭐 같은 고참 한 놈 잡아 개 잡듯 패고 영창으로 가면 새로 부대 발령을 받으니 그렇게 할 계획으로요. 그런데 제가 이등병이라 모르고 있었던 것이 있었습니다. 저는 새로 부임하시는 대대장님의 비서병으로 발탁이 된 것임…….

약 두 달 후 새로 취임하시는 대대장님께서 부

대로 오셨습니다.

 장상목 중령님…. 제가 앞으로 모셔야 할 지휘관이셨습니다. 제가 모시던 대대장님의 일화를 페이스북에 몇 차례 올린 글을 참조해주시면 감사하겠습니다. 왜냐하면 너무나도 여러분에게 많은 이야기로 저의 지휘관이셨던 대대장님과의 일화가 많기 때문이죠. 한마디로 요약하기 힘들지만 굳이 말씀드리자면 진짜 사나이, 천생 군인, 인품이 너무나도 훌륭하신, 가히 참모총장이 되셔도 그 자리가 부족할 분….

 대대장님에 관한 세세한 에피소드는 추후 별도로 조금씩 남기겠습니다.

10여 년의 우울증

이전 연제 저의 군 생활 최고의 훌륭한 지휘관을 모시게 된 영광의 시간들을 뒤로하고 저는 2002년 1월 7일 전역을 하게 됩니다. 전역해 집에 도착하기도 전 대학 선배로부터 전화가 왔습니다.

칠곡 네오시티 수영장에서 급히 수영강사를 채용하는데 오라는….

계속하고 싶지 않았던 일이였지만 저는 돈을 벌어야하는 입장이었기에 딱 3개월만 일하고 다른 일을 찾아보고자 생각하고 출근해 수영강사 일을 다시 시작했습니다. 이때의 제 결정이 제 인생에 크나큰 실수가 되었습니다.

잠시하고 그만둘 처음의 생각은 시간이 지나며 자연스레 잊혀 갔습니다.

또한 이때부터 저는 과도한 술과 분별없는 이성을 대해 큰 죄를 지으며 살기 시작했습니다.

핑계를 대자면 수영강사 특성상, 각 반별 회식이 너무 많아 술을 먹지 않는 날이 없었고 직업의 특성상 다가오는 나이 어린 착한 여자아이들에게 상처를 주며 죄를 짓고 살고 있었습니다.

그 착하고 어린 여자아이들은 오로지 수영을 가르치는 저의 겉모습만 보고 저를 좋아했었고, 저는 그런 순진하고 착한 아이들을 오로지 성적으로 대하고 있었습니다.

지금 와 생각해 보면 사람의 진실한 사랑을 저는 기만하고 얼마만큼일지 모를 큰 아픔을 주었습니다.

이런 일을 대략 10년간 해왔으니 벌을 받는 건 당연한 거 아닐까 제 스스로 생각이 됩니다.

그렇게 저는 술과 담배, 여자를 분별없이 탐하며 수영장 일을 10년간 했습니다.

그럼에도 제 일에는 노력을 좀 했기에 수영을 잘 가르치는 선생으로 스포츠센터 사업 계획과 운영을 잘하는 가장 어린 팀장, 본부장이 되어 있었습니다. 서른 살 3월 조울증이란 악마가 제게 찾아왔습니다.

당시 전 일원스포츠 총 세 곳의 스포츠 센터와 스피도 수영복 총판을 운영하는 회사의 가장 인정받는 간부가 되어 있었습니다. 대표의 지시로 세 곳의 스포츠센터와 수영복 총판 모두를 운영 점검해야 했습니다.

그 무렵 조울증은 서서히 신호를 주며 제게 다가오고 있었죠. 지금 생각해보면 전 10년간 우울증을 앓아왔다는 판단이 내려집니다.

2장. 조울증 발병과 극복기

최초 조울증 발병

여러분, 안녕하십니까? 이시백입니다.

페이스북에 설명 드린 바와 같이 저의 목표를 이루고자 시작한 처음의 변화는 제 이름의 변경입니다.

이주원 하늘 주에 강이름 원이 이제 저의 이름이며, 향후 대외적으로 사용될 저의 정식 이름입니다.

착오가 없으시길 바라며 이제 오늘부터 저의 조울증 발병 및 증상을 게시합니다.

이 글을 봐주시는 고마운 분들께서는 저의 카페 주소나 게시된 글을 최대한 여러 곳에 알려주시면 감사하겠습니다.

2008년 9월 경, 저는 대구동구문화체육회관 운영 팀장 및 사업 계획서를 작성하고 입찰하는 일을 그만두고 대표의 지시로 스피도 수영복 경북 총판의 책임자로 업무와 사무실을 변경하여 일하게 됩니다.

제 의사는 반영되지 않았고 탐탁지 않은 보직 변경이었습니다.

당시 제 나이 서른이었습니다. 수영복 총판에 일말의 사건이 있어 긴급하게 제가 총판 책임자로 발령이 났습니다.

발령받고 마지막으로 스포츠센터에 출근하던 날 수영팀원들은 제게 상품권을, 접수처와 프런트 직원들은 고마운 표구들을 만들어 주었고, 아주 예쁜 후드티를 사주었습니다. 그중에 착하고 나이 어린 접수처 여직원은 저와 헤어지게 되어 눈물을 흘렸습니다. 고맙게도 전 직원이 저를 능력이 좋은 운영팀장이라 생각해 주었고 저와 헤어지는 것이 아쉽다고 말해 주더군요. 접수처 직원들이 만들어낸 문구는 〈무한돈규〉. 센터의 모든 일을 처리해 낸다고 지어준 포스트였습니다. 너무나도 고마웠습니다.

  그런데 이날을 기점으로 당시는 알 수 없었지만 제 뇌에 서서히 문제가 발생되고 있었습니다.

조울증 증상

 증상이 하나씩 나타나기 시작했습니다. 하지만 조울증 환자는 본인의 평소와 다른 이상한 행동을 하는 것을 자각하지 못합니다. 처음엔 서서히 기분이 고양되고 시간이 지날수록 그 증상은 환자마다 다르나 저와 같은 경우 매우 심각한 조울증이라 순식간에 기분, 생각, 느낌, 이해력, 판단, 지출, 사고 등 여러 가지가

한 시간 만에 폭발적으로 나타납니다. 제가 페이스북에 올려놓은 《조울증은 치료될 수 있다》 저자이신 정안식 님의 글들을 봤을 때 시대적으로 저보다 거의 20년 가까이 먼저 겪으셨기에 고통이 심했을 거라 생각이 되지만, 저는 정안식 님보다 10배의 증상과 고통이 왔던 거 같습니다.

처음 술의 섭취량이 세 배로 늘었습니다. 평소 소주 3병이면 취해 더 마시지 못했지만 조울증 초창기 소주 10병을 먹어도 취하지 않았습니다. 그리고 급격히 말이 많아졌습니다. 원래 어릴 때부터 저는 말이 많지 않았고, 수영강사 생활을 오래하며 목이 아프니 말을 많이 하지 않았는데 쉴 새 없이 말을 하고 있었습니다. 또 외모에 지나치게 신경을 쓰기 시작을 합니다. 머리 염색, 귀걸이, 목걸이, 반지, 평상시 즐겨 입지 않는 많이 튀어 보이는 옷 등…. 또 잠을 자지 않게 됩니다. 처음은 그래도 하루에 한두 시간은 잠을 잤습니다. 하지만 급격히 기분이 고양되는 시점부터 잠을 자지 않았습니다. 믿기 힘드시겠지만 90일 동안 단 한 시간도 잠을 자지 않았습니다.

이 당시 저의 감정을 현재 모두 기억할 수 없고 또 글로 표현할 수 없는 감정, 생각, 마음, 기복 등이 많아서 서술하는데 다소 어려움이 있습니다. 정안식 님은 천지개벽이란 단어로 본인의 조울증 당시 감정을 표현하셨습니다. 이때 저의 감정을 기억해 말씀드리자면 조울증 특성상 하루에도 수십 번 조증 삽화와 깊은 우울증이 함께 오는데, 조증이 심할 경우 "나는 신이 되었다, 우주의 기운을 내가 다스린다, 세상 모든 사람과 생명체 또 아주 작은 미물까지도 내가 운용할 수 있다" 등 수십 가지의 생각이 듭니다.

그리곤 얼마 지나지 않아 깊은 우울증이 오면 이 모든 현상의 끝은 죽음이다. 지금 자살을 할까? 내일 자살을 할까? 어떻게 자살을 할까? 어떻게 자살해야 내

주변의 사람들이 가장 비참한 기분을 들게 할까? 모텔방에 백합을 가득 채워 볼까? 목을 매어볼까? 칼로 난도질을 해볼까? 건물 옥상에서 뛰어 내릴까? 온몸에 신나를 붓고 불을 지를까? 이외 수십 가지 생각을 하게 됩니다.

그런데 더욱 형용할 수 없는 것은⋯ 매일 술을 오후 4시부터 소주 20병, 8시부터 bar에서 양주 세 병, 단란주점에서 양주 세 병을 매일 마시고 있고 옆에는 늘 여자가 함께 있었죠. 웃으며 대화를 하고 있으나 제 머릿속엔 위와 같이 이 술 한잔을 넘기면 나는 어떻게든 죽어야 한다. 마치 최후의 만찬처럼. 이렇게 3개월을 보냈습니다.

3개월간 한 시간도 잠을 자지 않았고 하루에 소주 20병, 양주 6병, 또 분별없는 지출들….

보이는 대로 사고 편의점에 들어가 담배를 종류별로 대략 30갑을 사고 한 번 편의점에 들어가면 평균 50만 원 어치의 필요 없는 물건들을 사고 전국을 돌아다니며 술을 먹고 있었습니다. 대구에서 서울 강남, 역삼, 도산대로, 논현, 영등포 또 친구가 있는 구리와 강원도 양양, 부산, 마산…. 양양에 있는 친구의 정장을 입고 구두를 신고 버스를 타긴 했는데 어딘지도 모르는 곳에 내려 24시간을 걸었습니다. 와중 절이 보여 미친놈처럼 뛰어가 법당 문을 여니 비구니 스님께서 홀로 기도하시는데 입구에 엎드려 한 시간을 울었고, 또 걸어서 한강 뚝섬까지 걸어가 밥은 3개월 내 먹지 않고 유람선 배 모양의 레스토랑에 들어가 와인을 시켰습니다. 돈 한 푼 없었고 원래 술은 소주밖에 안 먹던 놈이….

지금 와 생각해 보면 제 모습은 명품을 걸치고 있는 귀신의 모습이랄까….

이렇게 보낸 3개월, 1억이란 돈이 사라져 부모님이 이를 막느라 엄청 고생을 하셨죠.

여러분, 금일부터는 조울증 증상에 대해 게시할 글이 아주 많이 있습니다.

한 번에 많은 양을 적으면 보시기 불편할 것이라 판단하여 오늘은 이쯤에서 마무리하고 내일 다시 자세한 저의 조울증 발병 증상을 게시하겠습니다. 처음 발병 후 저는 4번의 재발이 있었기에 매우 방대한 분량의 증상 설명과 정신 병동 입원 내용들이 있습니다.

조울증은 대한민국 국민 중 1%만이 겪고 있고 세부 분류를 다섯 가지 정도로 나누는데 저와 같은 경우 통계상 90%는 정신병원에서 살아가다 죽고, 나머지 10%는 자살한다 합니다.

아직도 예능 방송에선 조울증을 장난처럼 말합니다. 잘못하는 것이 아니라 몰라서 그렇겠지요.

그래서 저는 사명감을 가지고 이 일을 시작하고 끝까지 잘 마무리해 보려 합니다.

많은 분께서 저를 도와주시고 힘을 보태어 주시면 대한민국 정신병원과 환자들을 보다 잘 치료하고 사회에 다시 활동할 수 있도록 도울 수 있지 않겠습니까?

간곡히 부탁드립니다. 도와주십시오.

요즘 제가 하는 일이 사실 저를 도와주시는 어른들이 계셔서 희망을 가지고 제 역할을 다 해보려 노력합니다.

하지만 돈을 버는 일보다 제겐 사회 구성원들이 조울증 환자들을 이해할 수 있도록 알리고 도움 받는 게 더욱 중요합니다. 감히 말씀드리건대 여러분이 무엇을 상상하든 조울증 환자의 고통을 알 수 없습니다.

저는 현재 제게 도움을 주시는 분께 허락을 받고 이틀간 제주도에 내려와서 이 글을 연재하는 것입니다.

추후에 글을 적겠지만 이곳 제주는 제 인생에 매우 중요한 곳입니다.

이곳에는 제게 기쁜 일도 슬픈 일도

모두 녹아 있죠.

    중요한 일이나 결정을 지을 때 저는 제주도로 내려와 신중히 고민하고 판단하고 행합니다.

    현재 시간 2022년 3월 16일 수요일 12시 정각.

    약 10년 전 너무나도 예쁘고 영리했던 나이 차이가 많이 나는 제 마지막 사랑이 자살한 자리에 이제 걸어갑니다. 과거와 지금 다른 건, 이제 그 아이가 싫어했던 술과 담배를 저는 하지 않는다는 것.

다소 무거워지는 글 내용을 오역 없이 이해해 주실 거라 믿고 저녁 시간에 다시 글을 연재하겠습니다.

감사하고 고맙습니다. 늦은 시각 행복한 꿈을 꾸시고 밝은 아침을 맞이하십시오.

이주원 올림.

조울증 증상 2

전일 제가 처음 조울증 발병에 대해 게시한 내용을 이어 저의 처음 조울증 증상을 더욱 자세히 게재합니다.

3개월간 잠을 자지 않고 매일 과도한 술을 마시고 분별없는 지출…. 전국을 다니며 술을 상상할 수 없이 먹었고 일반인과 대화가 되지 않을 정도로 점점 심각해져 갔습니다. 처음 차를 가지고 전국을 돌아다니며 술을 먹었고 소주 20병을 마신 상태로 운전해 전국을 다녔습니다. 예전에 갔었는데 좋았던 곳과 호기심이 생기는 곳을 생각나는 대로 술을 먹는 시간 외에는 전국을 돌아 다녔습니다. 이때까지만 해도 저의 가족 및 지인들은 제가 조울증이라 생각지 못했고 그냥 과음을 하고 조금 이상하다고 판단했습니다. 이렇게 대략 한 달간 전국을 돌아다니며 쉬지 않고 술을 먹고 운전을 했습니다. 그러자 회사 대표가 직원을 통해 제가 타고 다니던 법인 소유 차량을 가져가게 되었습니다. 제가 스포츠센터 운영과 사업 계획을 만들어내 입찰을 받아내고 일처리를 잘 할 때 간도 쓸개도 빼줄 것처럼 하던 사람이었죠. 제가 이상해보여 걱정하는 것이 아니라 본인에게 피해가 갈까 봐 그런 조치를 한 것이었습니다. 이후 저는 기차나 택시를 이용해 온 사방을 돌아다니며 술을 먹었습니다. 처음에는 가는 곳이 정해져 있었습니다. 대구 수성구의 술집, bar, 단란주점…. 하지만 제 행동이 정상이 아니었기에 시간이 지날수록 저를 받아주지 않았습니다. 그도 그럴 것이 한 달간 매일 가서 과도하게 술을 먹는데 대략 20일 정도는 계산을 잘해주었죠. 하지만 수중의 현금을 모두 사용하였고 신용카드 몇 장도 모두 한도 초과라 결제가 되지 않으니 두 번 정도는 외상이 되었지만 다음부터는 저를 받아주지 않았죠. 이때부터 누나, 선배, 친구의 카드를 빌려 똑같이 매일 같은 장소에서 술을 마셨습니다. 다시 결제가 되니 bar와 단란주점 사장들은 하루 만에 돌변하여 제게 또 친절한 척하며 값비싼 술을 권하였습니다. 이렇게 약 열흘을 보내자 누나와 선배, 친구들이 카드를 돌려 달라고 합니다. 그도 그럴 것이 결제의 금액도 큰 데다 모두 여자가 접대하는 술집에서 카드를 결제하니 30년 저를 믿어준 친구, 선후배도 저를 이해할 수 없었죠. 가족도 이해를 못 하는데….

이때부터 돈 한 푼 없이 서울로 강원도로 부산으로 돌아다니며 선배 친구 후배에게 술을 사달라 연락을 합니다.

이러는 사이 항상 여자가 있는 술집으로 돌아다니는 이유는 조증이 심하게 오면 본능적으로 성욕에 집착을 하기 때문입니다. 매일 대략 오후 4시부터 새벽 4시까지 술을 마시고 모텔에 들어가 동행한 여성과 관계를 가지고 혼자 있는 시간이 주어집니다. 이때부터 한없이 깊은 우울증 증상이 나옵니다. 노래 가사 하나, 글귀 하나,

하루 종일 핸드폰으로 지인들에게 수

백 통의 전화를 걸었으나 아무도 답이 없는 것이 당연하지만 제 스스로는 이 세상에 철저히 버려졌다는 생각이 들며 몇 시간인지 모르게 눈물을 흘립니다. 이때 제 머릿속은 수만 가지 생각이 들기도 오로지 하나의 생각이 들기도 합니다. 오로지 하나…… 나는 죽어야 한다. 반드시 죽어야 한다.

처참하게 죽어야 한다……. 그렇게 몇 시간을 울다 금세 제 생각은 180도로 변합니다. 징역을 살다 나와 더럽혀진 몸을 몇 시간을 씻듯 샤워를 3시간 합니다. 이때도 울고 있죠. 3시간의 샤워를 마치면 또 옷을 깔끔하게 입고 모텔에서 나와 정처 없이 돌아다닙니다. 어디를 간다는 계획도 없이 온 전국을 알지도 못하는 도시를 걸어 다닙니다.

대략 이렇게 전국을 돌아다니며 술과 여자로 시간을 보내다 마지막으로 간 곳은 마산이었습니다.

마산에는 어린 시절 가난한 우리 집에 자주 찾아와 용돈을 주고 어린이날 호텔 뷔페에 데려가준 고맙고 사랑하는 제 유일한 친척 막내 이모가 있었기 때문입니다.

금일은 여기서 연재를 마무리하겠습니다.

다음 편부터 저의 첫 번째 정신병원 입원 및 생활에 대해 게시하겠습니다.

저는 현재 제주도 탑동의 오션스위치 호텔에서 3월 16일 21시 16분, 위의 글을 마무리합니다.

내일은 08:05 비행기로 대구로 올라가 사업상 대전으로 올라갑니다.

아마도 다시 바쁜 일상이 지속되면 연재가 조금 늦어질 수 있을 겁니다.

아직 구독자가 미비하여 연재를 조금 천천히 신중히 하는 것이 옳다고 판단하여 주 1회 정도로 글을 연재하겠습니다. 늘 말씀드리지만 저의 글을 많은 분들이 봐주시고 제가 배우지 못해 이 글을 많은 사람에게 전하지 못하니 모두가 도와주시면 감사하겠습니다.

   모두 편안한 밤 되십시오.

                                  이시백 배상.

정신과 폐쇄병동에 입원하기까지

제주에서 올라와 오랜만에 다시 연재를 이어 갑니다. 고육지책으로 전일 제 핸드폰에 연락처가 있는 거의 모든 분에게 이 카페의 링크를 드렸습니다. 저의 홀로 외침에 이 글을 확인해 주시는 분들에게 매우 감사하고, 주변에 최대한 저의 글을 알려주셔서 조울증 환자를 제

대로 이해할 수 있도록, 치료를 위한 외침을 전달해 주실 것을 간곡히 부탁드립니다.

전편에 이어 글을 이어가겠습니다.

막내 이모가 있는 마산으로 가서 이모와 이모부와 함께 삼겹살 집에 갔습니다. 오랜만에 보는 이모와 저는 소주를 마시고 있었죠. 하나 이모가 보고 싶어 간 마음은 몇 분 지나지 않아 이모를 만나러가는 길에 있는 수많은 주점들이 생각났습니다. 이모에게 신용카드를 달라고 했죠. 그런데 이때 제가 1분도 잠을 자지 않고 90일 동안 전국을 돌아다니며 상상할 수 없는 양의 술을 먹고 돈을 쓰고 모든 사람에게 전화해 돈을 부쳐달라 하고……. 기타 등등 기억나지 않는 일들을 하고 다닐 때였습니다. 그제야 부모님께서는 저의 친구들 부모님과 만나 저의 증상을 듣고, 제 친구와 후배들에게 제 이상한 행동을 듣고 정신병원을 찾아 제 증상을 말하고 병원 입원을 계획하고 있을 때였죠. 이를 전해들은 이모는 계속해 카드를 달라는 저를 설득해 집으로 데려 갔습니다. 이모가 보고 싶어 온 것이 아니냐고……. 그렇게 이모 집에 가서 저는 또 술을 달라고 했습니다. 그 틈에 이모부께서 본인이 드시는 수면제를 처음에 한 알, 그다음 두 알 갈아서 제 술에 넣었다고 하더군요. 뒤에 이모부 말씀이지만 본인은 반 알만 먹어도 바로 기절하는데 제게 3알을 먹여도 멀쩡했다고…….

이때까지만 해도 가족, 친척, 친구, 후배 모두들 몰랐습니다. 제가 얼마나 더 긴 시간, 더 큰 고통을 받아야 할지…….

4번째 재발 시, 자기 전 먹어야 하는 약이 무려 52알이었음을……. 수면제 3알은 저와 같은 심각한 조울증 환자에게는 아무런 영향을 미치지 못함을 모두가 알지 못했죠. 어림잡아 제가 14년간 먹어온 정신과 약은 170,000알…….

대한민국 국민의 1%가 조울증 환자,

그중 저는 1% 중에 1%······. 한 번에 52알의 각종 수면제와 수면 유도제, 조현병 약까지 또 간질약까지 제게 처방됩니다. 그럼에도 잠을 잘 수가 없었습니다. 약으로 인해 뇌에서 형용할 수 없는 현상이 일어납니다. 뇌에선 잠을 자라 명령하지만 신경은 잠을 잘 수 없다 하며 부딪힙니다. 이때부터 극한의 고통이 옵니다.

간질과 같은 발작 증상, 심해지면 조현병 증상, 환청, 환시, 공항, 불안 등······.

참, 약 이야기를 하다 보니 이야기의 흐름을 잠시 잇지 못했네요. 이모 집에서 그렇게 카드를 달라 이모 집에 있어라 실랑이를 하는 동안 대구에서 제 외사촌동생과 엄마가 저를 데리러 오고 있었죠.

당시 차를 뺏기고 렌터카를 타고 돌아다니고 있어 엄마와 착하디착한 제 사촌 동생은 택시를 타고 마산으로 왔습니다. 엄마와 동생이 좋은 말로 집으로 가자고 했고 실랑이가 있었지만 어찌어찌 동생이 모는 차 뒤에 탔습니다.

문제는 조울증 특성상 폐쇄 공포도 같이 옵니다. 제 글을 보시는 많은 분이 의아해 하실 겁니다. 조울증이 뭐길래 공항장애, 불안장애, 조증, 우울증, 환청, 환시, 조현……. 함께 오는지……. 모든 조울증 환자가 저와 같지는 않습니다.

저는 매우 심각한 조울증 환자인데다 술을 먹기 때문에 다른 조울증 환자의 10배 이상의 증상이 나타납니다.

그래서 달리는 차 안에서 문을 열려고 하고 발길질을 심하게 하며 착하디착한 사촌 동생에게 욕을 합니다.

차를 당장 세우라고……. 그럼 이 착한 놈은 마산 놈이라 사투리로 행님아 행님이 그러면 내가 운전을 못한다 아이가 합니다. 몇 살 터울이라 자라며 투닥이기도 하고 같이 많이 어울려 다니며 외할아버지, 외할머니와 사진도 함께 찍으며 함께 자란 동생이죠. 광재란 이름도 원래는 스님으로 작고하신 외할아버지께서 제 이름으로 지어 주신 건데 제 친가 어른들의 항렬 고집으로 동생의 이름이 되었죠. 살아오며 몇 번은 광재의 이름을 썼으면 내가 괜찮았을까, 라는 막연한 생각도 많이 했습니다. 무튼 경산 집에 도착한 저는 어머니와 아버지가 걱정을 하시니 제 방에서 잠시 자는 척을 했습니다. 당연히 잠은 안 오는 상태……. 아침 8시경, 저는 또 옷을 깨끗한 셔츠로 갈아입고 목적 없이 나가려는데 현관문을 열고 덩치 좋은 두 사람이 들어왔습니다. 정신병원으로 저를 호송할 사람들이었죠. 드라마에서처럼 흰색 옷을 입지 않습니다. 순간

제가 엄마에게 "이 사람들 뭐야?"라고 물었죠. 어머니는 "돈규야, 잠깐 병원에 가서 진료만 받고 오면 돼."라고 말씀하셨습니다. 그런데 이상하게 살아온 길도 힘한데다 조증 상태는 육체적으로도 고양되어 있어 몇 명이랑 싸워도 이길 수 있다는 기분이 듦에도 순순히 그 사람들을 따라 호송차에 탔습니다.

글이 길어져 오늘은 여기까지 연재를 마무리합니다.

조울증과 술로 기억력이 없어 100% 기술하기 어려운 점이 있습니다.

또한 중간중간 내용을 빠트린 것들이

있는데 하루하루 머리가 맑아지며 기억이 나는 내용들은 추후에 에피소드 모음 형태로 글을 올리겠습니다.

90일간 병증 상태에서 외삼촌, 후배, 친구 집, 경산역에서 만난 아이 등······.

여러 내용이 글을 적으며 생각이 나지만 아직은 정신이 어수선하여 조리 있게 기술하지 못합니다.

많은 양해를 바라며, 늘 그러하듯 제 글을 봐주시는 모든 분께 깊은 감사를 드리며, 제 이 글 혹은 카페 링크를 최대한 많은 사람들에게 알려주셨으면 감사하겠습니다.

이후, 정신병동 생활에 대해 상세한 내용을 게시하겠습니다.

감사합니다. 평안한 밤 되십시오.

폐쇄병동 생활기

전편에 이어 저의 첫 정신병원의 입원 이후 3개월간 폐쇄병동 생활 내용을 기재합니다.

2009년 11월 경산집에서 호송차를 타고 대구 모병원에 입원을 하게 됩니다. 처음 병동으로 들어갈 때만 해도 어떤 곳인지 알 수 없었죠. 저 또한 제가 정신병이 걸릴 줄 몰랐고 살아오며 한 번도 관심을 기울여 보지 못했기 때문에……. 폐쇄병동에 들어가는 순간에도 제가 갇힌다는 인지를 하지 못했습니다.

보호사분께서 환자복을 주며 갈아입으라 하더군요. 순순히 환복을 하고 시키는 대로 폐쇄병동의 입원 절차들을 밟았습니다. 침상 배치와 소지 품목의 검사, 병동의 일과표 및 치료 프로그램 참여 등등…….

이때까지는 괜찮았습니다. 하지만 약 두 시간이 흐르니 갇혀 있다는 사실을 알고 문을 열어 달라 보호사분께 말했죠. 당연히 제 말은 묵살이 되었고 이때부터 서서히 갑갑하고 분노가 올라오고 있었습니다.

다시 거칠게 문을 열어라 재촉했고 보호사는 조금씩 완력을 썼습니다. 제 팔과 몸을 잡고 막더군요.

이때부터 제 병증이 폭발을 했습니다. 최고조의 조증인 저는 평소의 두 배의 에너지와 파워를 실제로 육체적으로 만들어 냅니다. 제지하는 보호사를 힘으로 제압하고 병동 한가운데 있는 간호사실로 가서 문을 열라고 오만 욕을 하기 시작했고 보호사 및 환자들까지 저를 붙잡고 제지하는 것을 아주 거친 행동으로 물리쳤습니다.

최고조의 조증 상태에 육체적 에너지

는 뇌에서 전달하는 망각이 실제로 몸에 영향을 주고 외부 에너지로 표출됩니다. 그렇게 한 30분 실랑이를 하다 제 의사가 통하지 않자 간호사실 창문을 주먹과 팔꿈치로 모두 깼습니다. 3분 후, 보호사 3명이 순식간에 올라왔고 난동부리는 저를 제지하려 하였습니다.

하지만 조울증이 한참 심할 때 제게서 나오는 에너지를 보호사 3명이 감당할 수 없었습니다.

추가 2명, 5명이서 저를 제지하여 병원 침실에 눕히고 주사를 놓았습니다.

일명 코끼리 주사라 불리는…. 이 주사를 맞으면 쉽게 설명 드려 좀비가 된다고 생각하시면 됩니다.

뇌의 모든 신경을 죽여 좀비처럼 돌아다니며 담배를 피워도 아무런 맛이 나지 않으며, 대략 이주간의 기억은 모두 사라집니다. 예전 조인성과 공효진이 출연한 〈괜찮아 사랑이야〉 드라마를 보시면 나옵니다.

주사를 맞고 2주 후쯤 뇌의 기능은 어느 정도 돌아와 있습니다.

이때부터 폐쇄병동의 생활을 하게 됩니다. 주사에서 깨고 나니 폐쇄병동의 생활이 재미가 있었습니다.

왜냐하면 제정신이 온전히 돌아온 것이 아니었기에 입원해 있는 환자들과 대화하고 병원 안에 있는 것이 처음엔 재미가 있었던 거죠. 폐쇄병동 안에는 남녀가 같이 있었고 한 호실에 6명이 지냈죠.

병동 안에는 여러 병을 가진 환자들이 대략 70명 정도가 있었고 각자의 병으로 입원해 있었습니다.

우울증 환자, 조현병 환자, 공황장애, 항우울, 조울증 등….

주사를 맞고 3주 뒤 저는 조울증으로 여전히 잠을 잘 수 없었고, 다른 환자들과 대화를 하며 어느새 병동에 이목이 집중되는 환자가 되었었습니다. 그렇게 한 주 한 주 시간을 보내는데 담당 의사는 일주일에 한 번 병동으로 들어와 환자를 관찰하고 개방병동으로 보낼지를 판단했었죠. 모두가 그렇지만 의사에게 행동을 최대한 잘 보여 개방병동으로 가려 갖은 방법으로 의사를 속여보려 했습니다. 저 또한 마찬가지로 일부러 의식적으로 행동이 달라졌다 보이고 말하려 노력했습니다. 하지만 그러한 제 모습은 속일 수 없고 의사는 파악하고 폐쇄병동에서 또 일주일을 보내야 했습니다. 매주 돌아오는 의사의 상담일자를 손꼽아 기다리죠.

한 주 한 주 애가 타는 거였죠. 이렇게 대략 3개월 뒤, 갑자기 이 병동에 더 이상 있으면 죽을 거 같다는 생각이 들기 시작합니다. 왜냐하면 온전히 정신이 돌아온 것은 아니나 처음 같이 입원한 환자들과 재미있게 지냅니다.

생각한 것이 약물로 정신이 돌아오자 온 사방의 환자들의 말과 행동이 보이며, 참을 수 없는 시간으로 바뀌었습니다. 이렇게 3일을 지내다 진료온 의사에게 말했습니다. 이곳에 더 있으면 죽을 거 같다고….

그제서야 의사는 저를 개방병동으로 이동하게 하였습니다. 폐쇄병동에 3개월 입원 후 개방병동으로 내려갈 수 있었던 것이었습니다.

오늘 연재는 여기서 마치겠습니다.

이 글을 확인해 주시는 분들께서는 여러분께 알려주시길 간곡히 부탁드립니다.

올해 연말 얇은 책을 제작하여 모두 나누어 드릴 계획이오니 많은 관심을 당부 드립니다.

감사합니다.

정신과 퇴원 후 생활

　참으로 오랜만에 다시 글을 연재합니다. 그간 많은 일들이 제게 있어 부득이 늦게 글을 게시함을 널리 이해해주시기 바랍니다. 전편에 이어 저는 폐쇄병동에서 조울증 증상이 3개월 만에 다소 호전되어 개방 병동으로 내려와 계속 치료를 받게 됩니다. 치료라 해봐야 아침 자기 전 약을 주는 것이 전부였죠.

이때는 제 병증이 15년씩이나 지속될지 몰랐고 치료 방법에 관심이 없었습니다.

그저 의사가 처방하는 약을 의무적으로 먹었죠. 대략 탄산 리튬과 신경안정제, 수면제가 들어간다는 것만 알고 있었습니다. 많은 약을 복용함에도 여전히 잠을 이루지 못하고 늘 불안한 상태였습니다.

이렇게 약을 수차례 바꾸며 치료한 결과 저는 입원 7개월 만에 퇴원을 할 수 있었습니다.

퇴원 후 생활은 그야말로 극한의 우울증이었습니다. 조울증으로 행동해온 지난 몇 개월간의 제 행동이 떠오르며 그저 숨고 싶었습니다. 그렇게 집에서 일 년여간을 외출하지 않고 지냈었습니다.

약 일 년 후, 저는 도저히 대구에서 일할 수 없다는 판단으로 제주도 모 호텔로 취업을 하게 됩니다.

그곳에서 별 이상 없이 7년이란 시간을 무사히 잘 보낼 수 있었습니다.

하지만 7년이 지날 무렵 다시 조울증이 재발하였고, 처음 증상처럼 심하진 않았으나 여전히 잠을 자지 않고 매일 과도한 술과 이성 관계를 이어갔고, 공금 횡령을 하여 권고사직을 당했습니다.

당연히 회사에서 나와야 했고 대구 병

원으로 올라가야 했는데, 단 하나 당시 만나던 12살이나 어린 여자 친구가 마음에 쓰였습니다. 울며 매일 전화오던 여자 친구를 무시하고 또다시 정신병동에 입원해야 했고 이번에도 6개월이란 시간을 병원에서 보내야 했습니다. 퇴원 후 알게 되었죠. 만나던 여자 친구의 자살 소식을……

다음 날 여자 친구가 죽은 자리에서 앉아 날이 새도록 소주 20병가량을 마셨습니다.

그리곤 아침 비행기로 대구에 올라와 바로 쓰러졌죠. 병원 생활은 이 일로 더욱 길어졌습니다.

또다시 폐쇄병동과 개방병동에서의 6개월…….

이때부터 서서히 알기 시작했던 거 같습니다. 간단한 병이 아님을…. 평생을 앓아야 하는 병임을…….

이후 2년 주기로 입원을 해야만 했습니다. 그러는 동안 저는 근로 능력이 불가한 기초 생활 수급자가 되어 있어야 했고 좀처럼 결과가 나지 않는 정신장애로 인한 장애인 진단을 받고 있었습니다.

이후 제 경험은 다시 연재토록 하겠습니다.

감사드리고 가을이 오는 문턱 감기 조심하세요.

조울증은 나와의 싸움

처음 29세에 조울증이 오고 제주 호텔에서 7년 근무 후 첫 번째 재발, 대구 범어동 수영장에서 재발, 그 외 몇 번의 재발, 짧게는 3개월 길게는 6개월 몇 번의 입원을 했는지도 기억나지 않는다. 이렇게 중증의 조울증 환자로 15년을 살아오며 병으로 받는 고통보다 사람에게 더 많은 상처를 받아왔다. 가족도 둘도

없는 친구도, 여자 친구도 후배도 모두 나를 떠나갔다. 아주 극소수의 사람만이 남았을 뿐.

친구가 혹은 여자 친구가, 선후배가 떠나는 것에 조울증의 병증보다 더한 심정의 고통을 이겨내야만 했다.

이 세상에 오롯이 나는 혼자라 생각해야 했고 과거의 모든 인연을 끊어냈다. 심지어 내 누나와도 인연을 끊어야 하나 고민해야만 하는 조울증 환자로 철저히 내버려졌다. 전화기 저장번호 7,000개를 모두 초기화시켜 지웠고 불필요한 인간관계는 철저히 배제했다. 사람이 원망스럽고 무섭고 싫었다.

30년을 지내온 친구도 나를 그저 미쳤다, 또라이라 부르는 시간을 이겨내야 하는 심정은 이루 말로 할 수 없이 힘든 시간이었다. 마음을 모두 비우고 인간관계를 정리했지만 이후로도 조울증의 병증보다 사람에게 더 큰 상처를 계속해 받아야 했다. 15년째 투병 중인 내 옆에는 목숨을 걸 만한 친구 세 녀석과 그저 조건 없이 나를 오래 지켜봐와 준 선배 몇 명이 전부다.

사람을 떠나보내야 했던 시간이 매우 힘들었지만 지금은 오히려 홀가분한 마음이다.

나고 모르게 투병 중 살기 위해 자기

방어 기제가 생긴 듯하다. 수만 명의 지인보다 손에 꼽히는 친구가 몇만 배는 더 소중함을 느낀다.

이 무렵부터 병을 이기기 위한 처절한 나와의 싸움을 시작했다.

오늘은 여기서 마치고 모두 즐거운 크리스마스를 보내시기 바랍니다. 감사합니다.

퇴원 후 일상

    15년간 약 4년의 시간을 병원에서 보내고 대략 2만 알의 약을 복용하고 있었다.

    7번째인가 입원을 하고 퇴원하며 다짐했다.

    병에 대해 공부하고 죽을 각오로 병을 이기자고……

    처음 절에 들어가 하루에 3천 배씩

100일을 기도했다.

그리고 정신과 전문의들이 공부하는 책들을 모두 읽어보고 여러 가지 조울증 자료를 찾고 약물에 대해 알아보기 시작했다. 병의 기제, 약물 처방의 적정선, 약물의 부작용 등.......

많은 내용을 공부했고 병원 진료 시 의사는 내가 공부한 내용과 여러 가지 약물의 효능 및 부작용에 대해 질문하자 무척이나 놀라는 눈치였다.

대한민국 정신과 도입 70년간의 통계자료를 보면 나와 같은 중증의 환자는 90%가 병원에서 평생을 보내고 나머지 10%는 모두 자살한다고 한다.

처음엔 크게 낙심을 하고 기력을 잃었다.

하지만 이대로 삶을 포기할 수 없다는 판단을 할 수 있었고 운동을 병행해 공부한 내용대로 생활을 해나갔다.

술과 담배를 끊고 규칙으로 생활했다.

하지만 얼마 지나지 않아 또 재발하였고 입원을 해야 했다.

인품이 훌륭한 의사 선생님을 믿고 기존 병원을 옮겨 입원을 했다. 하지만 외래진료에서 뵙던 훌륭한 의사의 모습은 없고 매우 불친절한 수간호사와 텃세를 부리는 환자들…. 참을 수 없었고 나는 원래 치료를 받던 병원으로 다시 옮겨 입원을 했다. 다행히 주치의 선생님을 잘 만났고 효율적으로 치료가 이어졌다. 약 3개월 입원 기간 동안 약 처방 기준을 잘 잡아주셔 훨씬 상태가 좋아졌고 안정감이 지속적으로 좋아졌다.

향후 정신과 약의 효능과 처방에 대해 언급하겠지만 주치의 선생님께 부탁해 상세 내용을 올릴 것이다.

매우 간략적인 내용으로 제 병증을 기재하였습니다.

다음 편부터는 치료와 관련된 내용을 기재합니다.

많은 관심을 부탁드립니다.

3장. 조울증 치료를 위한 저자의 제안

약의 효능 및 부작용[1]

---

1) 출처: 식품의약품 안전처 의약품통합정보시스템 의약품 안전나라

1. 탄산리튬

효능:

조증·조울증의 치료 및 예방적 유지 치료

부작용:

- 소화기 부작용: 속 메스꺼움, 구토, 설사, 식욕 저하, 무력감
- 갈증, 잦은 소변, 만성 피로, 사고 기능 둔화
- 어지럼증이나 졸림을 호소하는 경우가 많음

2. 쿠에타핀

효능:

정신 분열증, 양극성 장애 및 우울 장애의 치료에 사용되는 향정신성 약물

- 정신분열병 치료
- 양극성 장애의 우울 삽화 치료
- 양극성 장애의 재발 방지

부작용:

- 불면, 불안, 신경과민, 졸림, 두통, 어지러움
- 변비, 체중 증가, 구강 건조
- 초기 투여 2주간 졸림 증상이 있을 수 있음

3. 졸피뎀

효능:

수면장애 개선에 효과적인 약물. 불면증의 단기 치료에 사용됨. 효과가 빠르게 나타나는 장점. 단, 엄격한 관리가 필요하고 정확한 용량을 지켜 투여해야 한다.

부작용:

- 신체적, 정신적 의존성이 일어날 수 있음(장기적 사용은 권하지 않는다)
- 졸음, 두통, 현기증, 불면증 악화
- 환각, 초조, 악몽
- 설사, 오심, 구토, 복통 등

4. 트리헥신정

효능:

- 파킨슨병 증상을 줄이거나 약물로 인한 운동장애 개선
- 항정신병 약의 투여에 따른 파킨슨병 증상 개선

부작용:

- 정신착란, 환각, 망상, 편집증, 인지장애, 시력장애, 신경과민, 흥분, 졸음
- 자동차 운전 등 위험을 일으킬 수 있는 기계 조작은 피해야 함.

5. 자나팜정

효능:

- 불안장애의 치료 및 불안증상의 단기 완화
- 우울증에 수반하는 불안 치료
- 수면장애, 공황 장애 등의 치료

부작용:

- 진정, 졸림, 기억력 장애, 어지럼, 두통
- 변비, 구강건조
- 우울증 환자에 투여 시 조증 혹은 경조증
- 이 약을 정신병, 우울증의 1차 약물로 선택, 투여해서는 안 됨.

6. 명세핀정

효능:

수면 유지가 어려운 불면증의 단기 치료

부작용:

- 비정상적인 사고 및 행동 변화(기억상실증, 흥분, 신경정신과적 증상들이 나타날 수 있음)
- 자살 위험 및 우울증 악화
- 중추신경계 억제 효과
- 신경계 졸림, 진정
- 이 약을 투여했을 때 알코올, 항히스타민제 및 다른 중추신경 억제제의 진정 효과가 상승할 수 있으므로, 이 약과 알코올을 함께 섭취하면 안 된다. 항히스타민제 또는 다른 중추신경 억

제제와 이 약을 병용할 경우 나타날 수 있는 효과에 대해 주의해야 한다.

7. 로라반정

효능:

- 신경증에서의 불안·긴장·우울
- 정신신체장애(자율신경실조증, 심장신경증)에서의 불안·긴장·우울
- 마취 전 투약

부작용:

- 정신계 : 섬망, 혼미, 기억상실증, 공격적 반응, 이상사고(이상한 생각)
- 신경계 : 운동과다증, 언어장애, 운동이상증, 감각 저하
- 졸음, 주의력·집중력·반사운동능력 등의 저하가 일어날 수 있으므로 이 약을 투여 중인 환

자는 자동차 운전 등 위험을 수반하는 기계 조작을 하지 않도록 주의한다.

8. 에필렙톨씨알정

효능:

- 간질 : 정신운동발작, 간질 성격 및 간질에 수반하는 정신장애, 간질의 경련발작 [강직간대발작(대발작)]
- 삼차신경통
- 조병, 조울병의 조상태, 정신분열증의 흥분 상태

부작용:

- 자살충동, 자살행동, 우울증의 발현, 행동의 비정상적 변화
- 혈액 및 림프계 이상 : 골수 부전
- 신경계 이상 : 진정, 기억 장애

- 위장관계 이상 : 대장염

- 일시적이거나 지속적인 혈소판·백혈구 감소

9. 클로나제팜

효능:

- 간질 및 부분발작(초점발작)
- 유·소아 간질
- 공황장애

부작용:

- 간질 및 부분 발작
- 의존성 및 금단증상: 단기간 치료시에도 1일 용량을 천천히 감소시키면서 치료를 끝내야 함.
- 지침, 졸음, 휘청거림, 어지러움

조울증을 이기는 tip

1. 절대 금주 (100% 재발)

2. 천연 수면제 복용

(락티움, 대추씨 분말)

3. 천연 신경안정제(뇌명실)

(러시아산 나무 열매)

4. 일광욕(세로토닌 분비)

5. 인지행동능력 치료

6. 운동 및 규칙적 생활

7. 견과류 섭취(아몬드, 호두)

8. 저자 개인 추천

(뉴발란스 큐 기능성 건강식품 섭취)

9. 가족 및 주변인 이해 및 도움 교육 참여*

* 가장 중요함

글을 마치며

저자가 드리는 국민 당부

 저는 대한민국 국민이 아직 정확히 모르는 조울증(양극성 정동장애)란 정신병을 전 국민에게 알리고자 합니다. 이와 같이 이를 알리려 하는 이유는 여러분이 알고 계신 공황장애, 우울증, 조현병보다 더욱 무서운 병이 조울증이란 사실이기 때문이며 이를 잘 모르는 국민 여러분들께서 조울증 환자를 얼마나 이해하고 상대하느냐가 환자에게는 매우 중대한 사안이기 때문입니다. 저의 개인적인 경험으

로 조울증의 고통, 약의 부작용보다 더욱 중요한 것은 환자를 이해하는 가족과 주변인의 인식입니다.

주변의 도움만 있다면 조울증 환자는 훨씬 더 수월한 투병기간과 작은 아픔만을 받을 것입니다.

알 수 없는 병증, 약물의 부작용보다 주변인의 도움으로 조울증 환자들은 빠른 시간 내 회복되고 재발하지 않을 수 있습니다. 단언컨대 조울증은 심각한 정신과 질환이며 아직 사회에 팽배한 잘못된 인식이 그들을 세상 끝까지 몰고 가 오직 홀로라는 생각과 자살의 충동을 느낀답니다.

세 번의 자살 시도를 행했던 저 또한 병증과 부

작용이 아닌, 사람으로 고통을 받아 자살하려 하였습니다. 조울증은 심각한 정신과 질환입니다. 국민 모두가 이를 알아주시길 바라며 조울증 환자를 적절히 이해하고 대해주시는 것이 매우 중요함을 알려드립니다.

이해가지 않는 조울증 환자의 언행에 무심코 던진 여러분의 말이나 행동은 조울증 환자에게는 자살까지 이어지는 영향을 미칩니다. 저자의 숨김없는 이 글을 보시고 사회에 조금이라도 환자의 이해와 치료에 도움이 되고자 합니다. 감사합니다.

끝으로 졸작이나마 많은 것이 부족한 제가 이 에세이 한 권을 2년에 걸쳐 포기하지 않고 쓸 수 있게 정신적 지주로서 이끌어주신 천공스승님에게 무한한 감사를 드립니다.

감사합니다. 스승님.

이시백 배상.